Entdecke die vegetarische & vegane Ernährung

In dieser Reihe sind bereits erschienen:

Entdecke die Evolution
Entdecke das Theater
Entdecke die Klassische Musik
Entdecke die Freiheit
Entdecke die Klassische Literatur
Entdecke die Antike
Entdecke dein Gedächtnis
Entdecke das Imkern
Entdecke dein Immunsystem
Entdecke Karl Barth
Entdecke das Pferd

Originalausgabe

Covergestaltung: Haakon Auster
Illustrationen: Franziska Grundner
Printed in Europe
ISBN 978-3-96448-022-4
www.autumnus-verlag.de

Julia Meumann

Entdecke die vegetarische & vegane Ernährung

Mit Illustrationen von Franziska Grundner

INHALTSVERZEICHNIS

Was ist eigentlich vegetarische & vegane Ernährung?

Es gibt verschiedene Arten, sich vegetarisch zu ernähren. Die vegane Lebensweise gehört zum Beispiel auch dazu. Vegetarier*innen und Veganer*innen haben nämlich beide gemeinsam, dass sie nichts essen, wofür Tiere getötet werden müssen.

Der Begriff „Vegetarier“ leitet sich übrigens von dem lateinischen Wort „vegetus“ ab, was so viel heißt, wie frisch und lebendig.

Auch wenn die vegetarische Ernährung heutzutage immer beliebter und bekannter wird, so ist sie den Menschen doch schon seit der Antike bekannt. Wusstet ihr, dass die Anhänger des griechischen Philosophen Pythagoras sich vegetarisch ernährt haben?

„Alles, was der Mensch den Tieren antut, kommt auf den Menschen wieder zurück“, hat er mal gesagt.

Die vegane Ernährung existiert bereits seit dem 19. Jahrhundert und wurde damals als Hochvegetarismus bezeichnet. Der Begriff „Vegan“ ist eine Wortschöpfung aus dem englischen Wort für Vegetarier: „veg(etari)an“

In einer lebenden Sprache, die von vielen Menschen gesprochen wird, werden immer wieder neue Wörter erfunden. So zum Beispiel auch die noch junge Modeschöpfung „Veggie“, die alle Menschen mit einbezieht, die sich fleischfrei ernähren. Es ist die Kurzform des englischen Begriffs für Gemüse: „vegetable“

In diesem Heft könnt ihr die unterschiedlichen Formen der vegetarischen Ernährung kennenlernen. Wobei nicht im Vordergrund stehen soll, was Veggies nicht essen. Vielmehr werdet ihr erfahren, wie vielfältig die vegetarische Küche ist. Lasst euch inspirieren – viel Spaß beim Lesen und beim Ausprobieren der leckeren Rezepte!

Welche Formen der vegetarischen Ernährung gibt es?

Allgemein unterscheiden wir vier Formen der vegetarischen Ernährung, je nachdem welche tierischen Produkte auf dem Speiseplan stehen.

Ovo-lakto-Vegetarier essen Eier (ovo) und Milchprodukte (lakto), aber kein Fleisch und keinen Fisch.

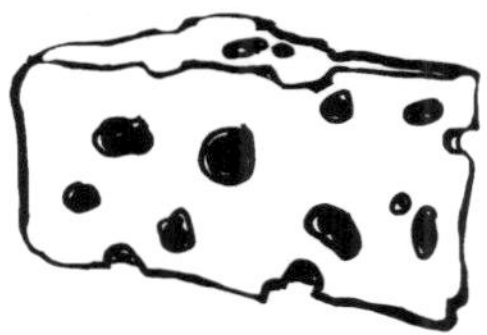

Ovo-Vegetarier essen Eier (ovo), aber keine Milchprodukte, kein Fleisch und keinen Fisch.

Lakto-Vegetarier essen Milchprodukte (lakto), aber keine Eier, kein Fleisch und keinen Fisch.

Veganer essen gar keine Produkte, die vom Tier stammen. Sie essen auch keinen Honig und meiden Kleidung aus tierischen Materialien. Zum Beispiel Leder oder Wolle.

Die Begriffe ovo und lakto leiten sich von den lateinischen Wörtern ovum (das Ei) und lac (die Milch) ab.

Es gibt aber auch Menschen, die zu Hause vegan kochen und auf Reisen zusätzlich Eier oder Milchprodukte essen, weil die Auswahl so größer ist. Außerdem gibt es noch die **Pescetarier**, die kein Fleisch essen, aber Fisch und Meeresfrüchte. Und die **Flexitarier**, bei denen nur selten Fleisch auf dem Speiseplan steht. Die fleischhaltige Ernährung nennt man auch Mischkost.

Wie funktionieren Ernährungs-Pyramiden?

Anhand der Ernährungs-Pyramiden könnt ihr herausfinden, welche Lebensmittel für eine gesunde vegetarische oder vegane Ernährung wichtig sind. Wissenschaftler erforschen ständig, wie viel von welchen Lebensmitteln gegessen werden sollte, damit der Körper alle lebenswichtigen Vitamine und Nährstoffe erhält.

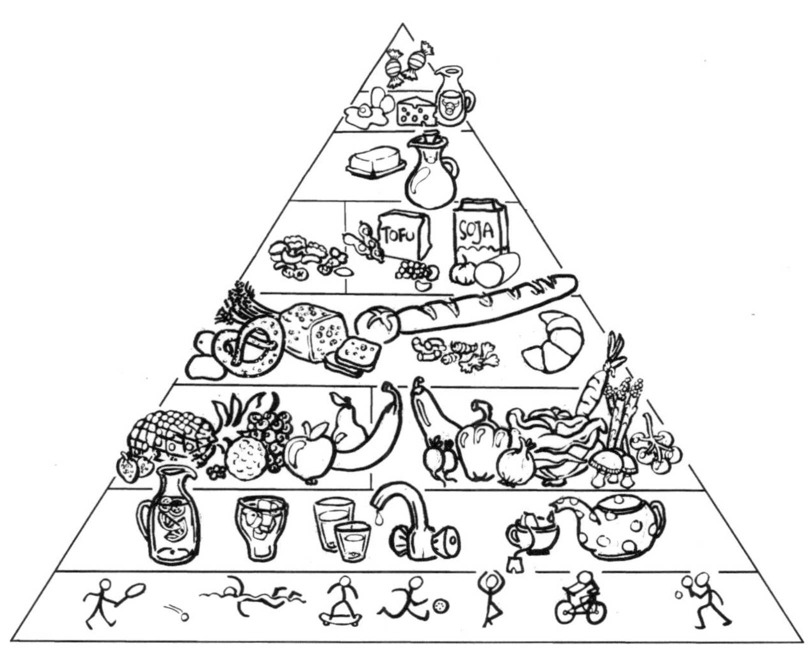

Vegetarische Ernährungs-Pyramide

Wie ihr seht, ist unten am meisten Platz in der Pyramide. Das heißt, Wasser, Saftschorle und ungesüßte Tees dürfen richtig viel getrunken werden. Gemüse, Obst und Vollkornprodukte haben ebenfalls viel Platz in der Pyramide und sollten möglichst oft gegessen werden. Dann folgen Hülsenfrüchte und Sojaprodukte, Milch, Käse und Eier. Nur von der Schokolade in der kleinen Spitze darf nicht zu viel gefuttert werden. Das gilt übrigens nicht nur für Veggies.

Habt ihr auch schon entdeckt, was unabhängig von der Ernährung noch sehr wichtig ist? Genau, viel Bewegung und Sport! Am besten an der frischen Luft, denn nur mit Hilfe der Sonne kann unser Körper das wichtige **Vitamin D** bilden. Das funktioniert zum Glück sogar, wenn die Sonne sich hinter den Wolken versteckt.

Auf den ersten Blick sieht die vegane Ernährungspyramide der vegetarischen sehr ähnlich. Aber sie ersetzt Milchprodukte und Eier durch pflanzliche Fette, eiweißreiche Hülsenfrüchte, Nüsse, Kerne, Soja und Gemüsesorten, wie z.B. Bohnen, Spinat, Brokkoli und Kopfsalat.

Vegane Ernährungs-Pyramide

Was heißt eigentlich „eiweißreich"?

Eiweiße werden auch Proteine genannt. Sie sind wichtige Bausteine unseres Körpers. Dabei ist aber nicht nur die Menge der Proteine wichtig, die in den Lebensmitteln enthalten sind, sondern auch die Qualität. Das heißt, unser Körper kann Proteine aus manchen Lebensmitteln besser aufnehmen, als aus anderen.

Außerdem können einige Proteine besser aufgenommen werden, wenn wir sie miteinander kombinieren:

Bei einer **veganen Ernährung** sollten Getreide und Hülsenfrüchte zusammen gegessen werden. *Zum Beispiel frisches Brot mit Kichererbsen-Mus (Humus), köstlich!*

Für **Ovo-lakto-Veggies** ist es sinnvoll, Getreide mit Milchprodukten oder Eiern zu kombinieren. *Zum Frühstück ein Müsli mit Milch oder lieber ein Brot mit Käse oder Ei?*

Übrigens, die absolute Eiweißbombe für Veggies ist der Quark. *Mmh, Quark mit Kräutern und Pellkartoffeln.* Oder als süßer Snack für zwischendurch: *Quark mit Himbeeren, lecker!*

Auf jeden Fall kommt es immer auf eine ausgewogene Mischung an. Wer immer nur das Gleiche isst, der verpasst eine Menge.

Gummibärchen sind Käse?!

Bei den meisten Lebensmitteln erkennen wir sofort, ob sie tierische Produkte enthalten, bei anderen müssen wir erst die Beschreibung auf der Verpackung lesen. Warum ist das so und wieso essen viele Veggies keine Gummibärchen? Das liegt daran, dass viele Lebensmittel, die wir im Supermarkt kaufen, schon fertig zusammengemischt und verarbeitet wurden.

Gummibärchen zum Beispiel enthalten oft Gelatine. **Gelatine** ist nicht vegetarisch, da sie aus dem Bindegewebe von Schweinen und Rindern gewonnen wird. Allerdings gibt es auch vegetarische und vegane Gummibärchen, bei denen die Gelatine durch andere Bestandteile ersetzt wird. Zum Beispiel durch Agar-Agar, ein vegetarisches Geliermittel aus Algen.

Ähnlich ist das mit dem Käse. Viele Lakto-Veggies essen nicht jeden Käse, auch wenn er zu den Milchprodukten gehört. Manche Käsesorten enthalten nämlich **tierisches Lab**, welches aus den Mägen von Kälbern hergestellt wird. Es gibt aber auch viele vegetarische Käsesorten, die pflanzliche oder mikrobielle Labaustauschstoffe enthalten.

Welche Gründe gibt es, sich vegetarisch zu ernähren?

Es gibt viele Gründe, warum Menschen sich für eine vegetarische Ernährung entscheiden. Allerdings hängen die meisten Gründe auch irgendwie zusammen. Warum könnte das so sein? Habt ihr eine Idee?

Tierliebe

Der häufigste Grund für eine vegetarische Ernährung ist wahrscheinlich die Tierliebe. Viele Menschen haben Mitleid mit den Schlachttieren. Sie sehen Tiere nicht als Ware, sondern als Lebewesen mit Persönlichkeit und Schmerzempfinden. Auch die schlechten Bedingungen, unter denen Tiere in der Massentierhaltung leiden müssen, bewegen viele Menschen dazu, auf Fleisch zu verzichten.

Veganer gehen da noch einen Schritt weiter. Da die Haltung von Milchkühen und Legehennen oft nicht besser ist als die von Schlachttieren, meiden sie auch Eier und Milchprodukte.

Gesundheit

Außerdem gibt es immer mehr Menschen, die die gesundheitlichen Vorteile der vegetarischen Ernährung für sich nutzen. Da vegetarische Lebensmittel hauptsächlich gesunde Fette enthalten, beugen sie zahlreichen Zivilisationskrankheiten vor. Mit Zivilisationskrankheiten sind Krankheiten gemeint, die durch einen Überfluss an Lebensmitteln, durch ungesunde Ernährung und zu wenig Bewegung entstehen (z.B. krankhaftes Übergewicht, Blutzuckerkrankheit, Bluthochdruck, Herzinfarkt und Schlaganfall). Viele Menschen möchten heutzutage nachhaltig und achtsam leben. Das heißt, sie möchten nicht irgendetwas kaufen und essen, sondern sich bewusst mit ihrer Ernährung auseinandersetzen.

Umweltschutz

Ein großes Problem des hohen Fleischkonsums ist die Massentierhaltung. Es gibt immer mehr Menschen auf der Welt, die immer mehr Fleisch essen möchten. Damit aber täglich so viel Fleisch gegessen werden kann, werden die Schlachttiere in riesigen Ställen gehalten. Diese Ställe erinnern mehr an Fabriken als an Bauernhöfe. Unter solchen unnatürlichen Bedingungen können die Tiere krank werden. Deshalb bekommen sie regelmäßig Medikamente, die teilweise im Fleisch von uns Menschen mitgegessen werden. Infektionen wie die Vogel- und Schweinegrippe werden durch diese beengte Tierhaltung begünstigt.

Viele Menschen machen sich Sorgen, da der massenhafte Fleischkonsum nicht nur uns selbst, sondern auch unseren Planeten belastet. Die Ausscheidungen der vielen Tiere verschmutzen das Grundwasser und beschleunigen die Erderwärmung. Regenwälder werden abgeholzt, um Futter für die vielen Schlachttiere anzubauen, was zusätzlich die Erde erwärmt und den Klimawandel vorantreibt.

Welternährung

Dank der modernen Technologien wie dem Telefon, dem Internet, Flugzeugen und Schiffen, können wir weltweit Waren und Güter einkaufen und verkaufen. Das ist ein Teil der Globalisierung, was von dem Wort Globus – Weltkugel kommt. So ein weltweiter Handel hat viele Vorteile, aber leider auch Nachteile. Zum Beispiel wird in vielen ärmeren Ländern Getreide angebaut. Reichere Länder kaufen das Getreide, um Millionen Tiere zu füttern, damit viel Fleisch gegessen werden kann. Und so bleibt für die Menschen in dem Land, wo das Getreide herkommt, oft nicht genug zu essen übrig. Das verstärkt die Ungerechtigkeit auf der Welt. Schlachttiere benötigen ein Vielfaches dessen, was die Menschen für eine vegetarische Ernährung selbst verbrauchen würden.

In reichen Industrieländern wie Deutschland kämpfen die Menschen gegen Übergewicht und Herzkreislauferkrankungen, während in anderen Ländern Menschen an Unterernährung sterben. Auch diese Ungerechtigkeit kann ein Beweggrund dafür sein, sich vegetarisch zu ernähren.

Religiöse Gründe

Ebenso gibt es unterschiedlichste religiöse Beweggründe. Zum Beispiel im Hinduismus und im Buddhismus lehnen viele Menschen den Konsum von Fleisch ab. Diese Religionen sind besonders in Süd- und Ostasien verbreitet.

Seit 2014 gibt es sogar eine vegetarische Stadt. Sie heißt Palitana und liegt in Indien.

Hier waren es die Jain-Mönche, die mit einem Hungerstreik das Verbot, Tiere zu schlachten und zu essen, durchgesetzt haben. Ihre Religion steht für ein gewaltfreies Leben und sie sind überzeugt davon, dass auch die kleinsten Lebewesen ein Recht auf Glück haben. Jains laufen übrigens barfuß, damit sie kein Insekt zerquetschen.

Jetzt habt ihr vielleicht schon einige Ideen gesammelt, warum viele der Beweggründe miteinander verbunden sind. Egal, ob es um die eigene Gesundheit geht, um Naturschutz oder das Gerechtigkeitsempfinden gegenüber Mensch und Tier, wir gehören alle zu einem großen Kreislauf.

Wo wir wieder bei unserem Philosophen Pythagoras wären, der vor sehr langer Zeit schon wusste:

„Alles, was der Mensch den Tieren antut, kommt auf den Menschen wieder zurück."

Was is(s)t ein Pudding-Vegetarier?

Hört sich doch lecker an, oder? Als Puddingvegetarier bezeichnet man Veggies, die sich hauptsächlich von Fertiggerichten und Süßkram ernähren. So verliert allerdings auch die vegetarische Ernährung ihre gesundheitlichen Vorteile. Fertiggerichte enthalten allgemein sehr viele ungesunde Fette, Zucker und Konservierungsstoffe. Egal ob vegetarisch oder fleischhaltig, solche stark verarbeiteten Lebensmittel sollten möglichst selten auf eurem Speiseplan stehen.

Vielleicht seid ihr jetzt etwas enttäuscht und denkt, dass ein Fernsehabend ohne Chips und Schokolade öde ist? Dann versucht es doch mal mit selbstgebackenen Grünkohlchips oder selbstgepopptem Popcorn. Diese Snacks sind nicht nur super lecker, sondern auch richtig gesund! Grünkohlchips lösten übrigens in Amerika einen regelrechten Hype aus. Dort heißen sie Kale Chips.

Grünkohlchips: *Ihr wascht die frischen Grünkohlblätter gut ab, tupft sie trocken, zupft mundgerechte Stücke vom Stiel ab und vermengt sie in einer Schüssel mit etwas Öl und wenig Salz. Dann legt ihr ein Gitter oder Backblech mit Backpapier aus und verteilt die eingeölten Blätter gleichmäßig darauf. Nachdem ihr den Backofen auf 100 Grad vorgeheizt habt, schiebt ihr die Grünkohlchips für 20 – 30 Minuten hinein. Überprüft zwischendurch bei geöffneter Ofentür, ob die Blätter noch nicht zu dunkel geworden sind, so kann gleichzeitig etwas Feuchtigkeit entweichen. Dann kann losgeknuspert werden!*

Party- Popcorn: *Für selbstgemachte Popcorn benötigt ihr Popcornmais (Puffmais), Pflanzenöl, Zucker oder Salz und einen „alten" Topf mit Deckel (einige Körner könnten anbrennen). Ihr erhitzt so viel Pflanzenöl in dem Topf, dass der Boden bedeckt ist, und gebt dann so viele Maiskörner hinzu, bis sie den Boden halb bedecken. Jetzt schnell den Deckel drauf und sobald ihr es ploppen hört, nehmt ihr den Topf von der Platte und wartet, bis alle Körner aufgegangen sind. Jetzt könnt ihr ganz nach Geschmack Salz oder Zucker dazugeben. Guten Appetit!*

Wenn ihr noch nicht so Erfahren im Kochen und Backen seid, solltet ihr alle Rezepte nur mit der Hilfe von Erwachsenen ausprobieren.

Popcorn aus dem Supermarkt enthalten meistens zu viel Fett und Zucker.

Kann man Bausteine essen?

Für Kinder und Jugendliche ist es besonders wichtig, sich abwechslungsreich zu ernähren. Ihr benötigt jede Menge Energie und Bausteine für eure Wachstums- und Entwicklungsphasen. Bei den Ernährungspyramiden habt ihr ja schon erfahren, dass eure Nahrung genug Proteine enthalten muss.

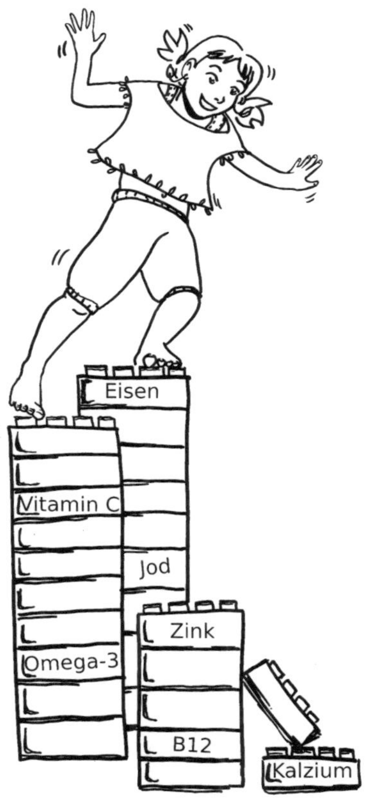

Es gibt aber noch mehr wichtige Bestandteile, die euer Körper aus Nahrungsmitteln bezieht.

Die sogenannten **Omega-3-Fettsäuren** gehören zum Beispiel zu den „guten“ oder auch „mehrfach ungesättigten“ Fettsäuren. Sie sind wichtig für Augen, Gehirn und Herz. Viele dieser gesunden Fette sind in Leinöl, Hanföl, Walnussöl und Nüssen enthalten. Walnüsse liefern besonders viele dieser gesunden Fette, sie werden auch „das Fleisch der Vegetarier“ genannt. Die „einfach ungesättigten Fette“, welche in Rapsöl und Olivenöl enthalten sind, gehören ebenfalls zu den „guten“ Fetten.

Vitamin B12 ist unter anderem wichtig für die Blutbildung und den Schutz der Nervenzellen. Es ist hauptsächlich in tierischen Lebensmitteln wie Innereien und Organen enthalten, aber auch in Fleisch, Milch und Eiern. Deswegen müssen Veganer, die alle tierischen Produkte meiden, Vitamin B12 durch angereicherte Lebensmittel wie Pflanzendrinks, Nahrungsergänzungsmittel oder spezielle Zahncremes zu sich nehmen.

Wer sich ausschließlich vegan ernährt, der sollte seine Blutwerte regelmäßig überprüfen lassen.

Kalzium ist ein wichtiger Baustein von Knochen und Zähnen. Es spielt aber auch eine Rolle bei der Blutgerinnung und anderen Prozessen im Körper. Kuhmilch, Käse, Joghurt und grünes Gemüse, wie Brokkoli und Blattspinat enthalten besonders viel Kalzium. Veganer können ihre Ernährung zusätzlich durch kalziumreiches Mineralwasser und angereicherte Pflanzendrinks und Fruchtsäfte ergänzen.

Wer nicht am Meer lebt und selten oder nie Algen oder Meeresfische verzehrt, sollte unbedingt jodhaltiges Salz zum Kochen verwenden. Jod ist ein wichtiges Spurenelement. Auch Erdnüsse und Champignons sind gute Jodlieferanten.

Der Mineralstoff **Eisen** ist für den Sauerstofftransport im Körper verantwortlich. Ein Eisenmangel führt deshalb zu einer Unterversorgung des Körpers mit Sauerstoff, dann fühlen wir uns müde und schlapp. Das im Fleisch enthaltene Eisen kann unser Körper zwar besonders gut aufnehmen, da in pflanzlicher Kost aber teilweise sogar mehr Eisen enthalten ist, kommt ein Eisenmangel bei der vegetarischen Ernährung nicht häufiger vor, als bei anderen Ernährungsformen.

Viel Eisen liefern z.B. Getreideprodukte wie Haferflocken, Vollkornbrot, Vollkornreis, Vollkornnudeln und sogenannte Pseudogetreide, wie Hirse, Quinoa und Amaranth.

Auch Hülsenfrüchte enthalten viel Eisen. Dazu gehören Bohnen, Linsen, Soja (Tofu) und Kichererbsen. Weitere pflanzliche Eisenlieferanten sind Nüsse, Sesam, Kürbiskerne sowie grünes Gemüse und Trockenfrüchte. Auch hier hilft eine abwechslungsreiche Ernährung, die Eisenvorräte aufzufüllen.

Zusätzlich lohnt es sich, die Mahlzeiten durch Vitamin C-haltige Lebensmittel zu ergänzen, da sie die Aufnahme von Eisen im Körper fördern. Viel Vitamin C findet ihr zum Beispiel in Südfrüchten, wie Orangen und Zitronen. Auch Petersilie enthält super viel Vitamin C. Trinkt einfach ein Glas Orangensaft zum Essen oder streut Petersilie über die Nudeln mit Tomatensauce.

Zu viel Eisen kann der Körper nicht abbauen, deshalb sollten Nahrungsergänzungsmittel nur eingenommen werden, wenn es ärztlich verordnet wurde.

Das wichtige Spurenelement **Zink** muss auch mit der Nahrung aufgenommen werden, damit euer Körper richtig arbeiten kann. Wer aber sowieso schon ausreichend Vollkornprodukte und Nüsse isst, der versorgt seinen Körper auch gleichzeitig mit Zink. Außerdem ist viel Zink in Milchprodukten und Käse enthalten.

Auf jeden Fall solltet ihr euch immer genug Zeit zum Essen nehmen und es genießen. Falls die Zeit aber doch mal wieder zu knapp ist, kann auch ein schneller Smoothie weiterhelfen. Dafür benötigt ihr nur einen Mixer und jede Menge Fantasie!

Smoothies für Kreative:

Obstsorten wie Bananen, Äpfel, Mangos, Orangen und Zitronen könnt ihr super mit Blattsalaten oder Babyspinat mischen. Dazu gebt ihr einfach immer so viel Wasser in den Mixer, dass die Smoothies flüssig genug zum Trinken sind. Beeren und Früchte könnt ihr auch tiefgekühlt mixen, dann werden aus den Smoothies erfrischende Eisshakes! Süßen könnt ihr je nach Mischung noch durch Honig oder Agavendicksaft. Lecker!

Fragt einen Erwachsenen, wie der Mixer funktioniert, und vergesst nie den Deckel! :)

Wie überwintern die Eichhörnchen?

Klar, Eichhörnchen verbuddeln und verstecken im Herbst alle möglichen Leckereien, damit sie im Winter etwas zu Essen haben. Genauso können auch wir uns ein paar Vorräte anlegen, um immer genug Knabbereien und Zutaten vorrätig zu haben. Getrocknete Hülsenfrüchte, Nudeln, Dosen mit Tomaten oder Kokosmilch, Gewürze, Trockenobst oder Obst und Gemüse aus dem Tiefkühlschrank sind zum Beispiel sehr praktisch, wenn gerade keine Zeit für große Einkäufe ist. Je nach Rezeptidee oder Appetit müssen dann nur noch einzelne frische Zutaten dazu gekauft werden.

Überlegt doch mal zusammen mit euren Eltern was ihr gerne esst. Kartoffel- und Nudelsalate halten sich zum Beispiel mehrere Tage im Kühlschrank und schmecken auch kalt in der Schule. Gut verschlossen in einem Marmeladenglas oder einer dichten Dose, sind sie eine schmackhafte Abwechslung zu den gewohnten Pausenbroten. Sehr beliebt sind auch die so genannten „Bowles“. Schüsseln oder Gläser gefüllt mit gegarten Kichererbsen, Amarant, Hirse oder Quinoa, bedeckt mit frischen Salaten, Tomaten, Gurken und Mais. Dazu herzhafte Dressings und Toppings aus Saaten oder gehackten Nüssen. Praktisch, gesund und lecker!

Natürlich kann auch so ein Pausenbrot richtig schmackhaft sein, wenn wir morgens nur nicht so müde wären ... Da kann es ganz hilfreich sein, am Vortag schon einen leckeren Aufstrich vorzubereiten. So braucht ihr morgens nur noch das Brot zu schneiden oder kurz zu toasten, vielleicht noch einige Salatblätter abzuwaschen, und schon ist die Pause gerettet.

Vegetarische/vegane Kräuterbutter:

1 Stück Butter oder Pflanzenmargarine (Zimmertemperatur) in eine Schüssel geben. Lieblingskräuter oder im Frühjahr auch frischen Bärlauch waschen, abtrocknen, kleinschneiden und mit einer Gabel in die Butter oder Margarine drücken und verrühren. Zum Schluss könnt ihr den Aufstrich noch mit etwas Salz oder Tomatenmark abschmecken. Guten Appetit!

Eine Weltreise durch die eigene Küche?

Mal ein Fertiggericht oder Fastfood mit Freunden, das ist in unserer Gesellschaft kaum wegzudenken. Wenn wir durch die Stadt bummeln, strömen die Gerüche nur so auf uns ein. Pikant gewürzt, knusprig gebraten, von allen Seiten duftet es verführerisch. Warum sollten wir da nicht hungrig und neugierig sein? Auch hier ist der Tisch für Veggies reich gedeckt. Spezialitäten aus anderen Ländern, Trendgerichte, bunte Wraps mit Salat, Halloumiburger oder Makali mit gebratenem Gemüse, Falaffeldöner und saftige Sandwiches. Allerdings, egal ob mit oder ohne Fleisch, es sollten Ausnahmen bleiben.

Die meisten Gerichte könnt ihr nämlich auch problemlos zu Hause zubereiten. So seid ihr sicher, dass die Zutaten frisch sind und nicht zu viel Zucker, Fett und andere versteckte Zusätze enthalten. Die Auswahl ist riesig und Essen soll Spaß machen. Probiert neue Lieblingsgerichte aus, verabredet euch zum Kochen!

Mit Freunden kochen - Checkliste:

- Wo dürft ihr die Küche nutzen?

- Überlegt euch, was ihr kochen möchtet. Sucht nach Rezepten, stöbert in Büchern oder im Internet.

- Schreibt alle benötigten Zutaten auf einen Einkaufszettel und verabredet euch zum Shoppen.

- Spätestens am nächsten Tag solltet ihr euch zum Kochen treffen, solange alle Zutaten noch frisch sind. Viel Spaß!

Vielleicht gibt es sogar in der Schule die Möglichkeit, eine Küche zu nutzen? Fragt eure Lehrer. Wer hat Lust auf ein gemeinsames Frühstück mit selbstgemachten Brot-Aufstrichen?

Trägt Superfood einen roten Umhang?

Superfood ist ein Begriff, der wie ihr sicher schon erraten habt, aus dem Englischen kommt. Damit sind Nahrungsmittel gemeint, die besonders viele Proteine, Vitamine und andere Nährstoffe enthalten. Allerdings wachsen viele dieser Lebensmittel nicht bei uns um die Ecke, sondern müssen lange Transportwege zurücklegen. Wie zum Beispiel die asiatischen Goji Beeren oder die Moringa Blätter aus den Tropen. Deshalb sind sie zum Teil sehr teuer und belasten die Umwelt mehr als unsere einheimischen Lebensmittel.

Zum Glück gibt es nämlich auch jede Menge **einheimisches Superfood**, wozu nicht nur der Grünkohl für unsere Chips zählt, sondern auch alle anderen Kohlsorten, wie der Weiß- und Rotkohl, der Broccoli und der Blumenkohl.

Statt der exotischen Goji Beeren könnt ihr zu Heidelbeeren, Himbeeren oder Brombeeren greifen. Außerhalb der Saison findet ihr Beerenmischungen auch in der Tiefkühlabteilung.

Kräuter können sogar auf der Fensterbank gezogen werden und die wilden „Unkräuter" sind sehr viel besser als ihr Ruf. Brennessel, Löwenzahn, Bärlauch, Gänseblümchen und Giersch übertreffen unsere gezüchteten Kräuter und Salate um ein Vielfaches, wenn es um die gesunden Inhaltsstoffe geht. Natürlich dürft ihr Kräuter nie direkt an einer Straße ernten. Wer isst schon gerne Autoabgase und Hundepipi. Wer keinen eigenen Garten hat, kann Wildkräuter inzwischen sogar im Geschäft kaufen. Feinschmeckerrestaurants sind schon längst auf den Geschmack gekommen, denn Wildkräuter sind vielseitig verwendbar.

Achtung!
Keine unbekannten Pflanzen essen, sie könnten giftig sein!

Dekoriert den Kräuterquark mit Gänseblümchenblüten oder kocht Sauerampfersuppe mit Kartoffeln und einem Klecks Sahne. Hier sind eurer Fantasie keine Grenzen gesetzt!

Wie schmeckt eigentlich Wasser?

Wasser ist unser wichtigstes Lebensmittel. Dazu zählt auch das Wasser, welches in Lebensmitteln und in anderen Getränken enthalten ist. Während ein Mensch mehrere Wochen ohne Essen überleben kann, würde er schon nach wenigen Tagen ohne Wasser verdursten. Bis zu 70 % unseres Körpers bestehen übrigens aus Wasser und wir sollten immer auf unser Durstgefühl hören. Unser Körper weiß am besten, was er braucht. Allerdings ist unser Durstgefühl nicht mit der Lust auf Limonade und andere gezuckerte Getränke zu verwechseln. Viele Limonaden und unverdünnte Fruchtsäfte sind regelrechte Kalorienbomben, die außerdem großen Schaden an den Zähnen anrichten können.

Wusstet ihr, dass unser Leitungswasser nicht nur vegetarisch und vegan ist, sondern auch zu den best kontrolliertesten Lebensmitteln gehört? Eure Eltern können viel Geld, Plastikmüll und schweres Flaschentragen sparen, wenn ihr die Getränke direkt aus der Leitung zapft. Und für alle, die es lieber sprudelig mögen, gibt es eine große Auswahl an Wassersprudlern. Ja, ich weiß, so pur finde ich Wasser auch etwas langweilig. Wie wäre es deshalb mit einem Schuss Apfelsaft? Oder einem erfrischenden Gurken-, Orangen- oder Zitronenwasser? Eisgekühlt für den Badeausflug oder wohligwarm im Winter?

Überbrüht einfach eure Lieblingszutaten mit heißem Wasser oder lasst sie ca. eine Stunde in kaltem Wasser ziehen.

Folgende Zutaten können z.B. sehr gut miteinander kombiniert werden:

Orangen- oder Zitronenscheiben - Minze - Zitronenmelisse - Basilikum - Gurkenscheiben - Wassermelonenstücke - Erdbeeren

(Wascht vorher alle Zutaten gut ab und verwendet nur die Schale von Biofrüchten, da diese nicht mit giftigen Pflanzenschutzmitteln behandelt wurden. Falls ihr keine Biofrüchte habt, müsst ihr sie vorher schälen.)

Wer sicher gehen möchte, dass auch die Rohre im Haus keine schädlichen Stoffe absondern, kann eine Wasserprobe bei den zuständigen Wasserbetrieben prüfen lassen.

Wo wächst Kuchen?

Wer einen eigenen Garten hat, weiß sicherlich, dass Gemüse nicht nur lebendig und bunt ist, sondern auch in den wundervollsten Formen blühen kann. Ein Radieschen oder eine Möhre frisch aus dem Beet geerntet, schmeckt viel aromatischer und knackiger als aus dem Supermarkt.

Aber Platz für einen großen Garten haben gerade in der Stadt die wenigsten Familien. Das macht aber nichts. Einen hübschen Miniatur-Garten könnt ihr nämlich ganz einfach auf der Fensterbank oder dem Balkon anlegen. Alte Verpackungen, Kanister und Saftpackungen eignen sich prima als Blumentöpfe. Um zu verhindern, dass die Nässe sich in den Töpfen staut, müsst ihr unbedingt Löcher in die Böden stechen. Auf Fensterbänken und an anderen Orten, wo es sauber und trocken bleiben muss, dürfen passende Untertöpfe nicht fehlen. Samen, Kerne und Steine könnt ihr übrigens direkt aus dem gekauften Essen pulen und in die Erde stecken. Gießen nicht vergessen!

Saatgut für Pflücksalate, Kresse, Radieschen und die verschiedensten Kräuter gibt es im Frühling in fast allen Geschäften. Kapuzinerkresse hat übrigens wunderschöne Blüten, die gegessen werden können und leicht scharf schmecken.

Auf dem Balkon lassen sich Tomaten, Zucchini und Snackgurken anpflanzen, die ihr ebenfalls vorher auf der Fensterbank aussähen könnt. Noch einfacher und schneller geht es, wenn ihr bereits vorgezogene Pflanzen kauft. Für die Gemüsepflanzen braucht ihr allerdings etwas größere Töpfe, damit die Erde nicht zu schnell austrocknet und ausreichend Nährstoffe zur Verfügung stehen. Und achtet bitte darauf, dass die Nächte frostfrei sind, bevor ihr eure Pflanzen ins Freie stellt.

Die frischgeernteten Kräuter, Radieschen und Pflücksalate geben auf jeden Fall den richtigen Frischekick für jede Brotdose! Und wo wir jetzt schon wieder beim Essen sind, möchte ich noch zu meiner Frage aus der Überschrift kommen:

„Wo wächst Kuchen?" - Natürlich im Gemüsebeet! Also auf jeden Fall die Hauptzutat für den köstlichen

Double-Choc-Zucchini-Kuchen.

Veganer (vegetarischer)
Double-Choc-Zucchini-Kuchen aus dem Garten

Zutaten:
200 g Zartbitterschokolade (raspeln oder schmelzen)
250 g Zucchini (raspeln)
125 ml Öl
3 El Chia-Gel (oder 3 Eier)*
220 g Zucker
100 g Maisstärke
50 g Buchweizenmehl
50 g Backkakao (stark entölt)
1 Tl Backpulver
1 Prise Salz
Vanillezucker

Alle Zutaten gut verrühren. Eine Backform mit Backpapier auslegen oder mit Öl einreiben und den Teig einfüllen. Den Ofen auf 180 Grad (Ober-Unterhitze) vorheizen und den Kuchen ca. 60 Minuten backen.

**** Rezept Chia-Gel:** 1 Teil Chiasamen und 6 Teile Wasser eine halbe Stunde einweichen lassen.*

Wieso eigentlich nicht?

Wenn ihr dieses kleine Buch bis hierhin aufmerksam gelesen habt, dann ist euch bestimmt aufgefallen, dass mit der vegetarischen Ernährung noch ganz viele andere Fragen und Themen aufgetaucht sind. Wie zum Beispiel der Umwelt-, Natur- und Tierschutz, aber auch politische und gesellschaftliche Themen, wie die Globalisierung und die Welternährung. Alles was wir essen oder an anderen Dingen konsumieren, hat nicht nur einen direkten Einfluss auf uns, sondern auch auf alle anderen Menschen und Tiere. Es beeinflusst die Natur und unseren ganzen Planeten. Das ist natürlich eine große Verantwortung, aber auch eine Chance. Denn das bedeutet schließlich auch, dass wir alle die Möglichkeit haben, etwas zu verändern.

Viele Menschen denken, dass Fleisch unverzichtbar ist, da es schon seit Menschengedenken auf unserem Speiseplan stand. Aber wir Menschen haben uns auch schon immer weiterentwickelt und uns zu jeder Zeit an wechselnde Umweltbedingungen anpassen müssen. Wir haben schon immer nach neuen Wegen und Werten gesucht.

Auf jeden Fall soll Essen Spaß machen und niemanden unter Druck setzen. Wer auf eine gesunde, abwechslungsreiche Ernährung achtet und sich regelmäßig an der frischen Luft bewegt, muss sich auch keine Gedanken über seine Fitness machen. Diäten, bei denen weniger oder nur sehr einseitig gegessen wird, sind völlig überflüssig und oft sogar ungesund. Und vergesst nicht, auch Lachen ist vegetarisch, vegan und sehr gesund. Also macht es gut und hört auf euer Bauchgefühl!

Neugierig geworden?

Falls ihr jetzt neugierig geworden seid und mehr über die vegetarische Ernährung erfahren möchtet, findet ihr hier einige Bücher mit vegetarischen und veganen Rezepten. Es gibt natürlich noch viel mehr!

- Teenager auf Veggiekurs (Irmela Erckenbrecht)
- Wir Besser-Esser (Prof. Dr. Dietrich Grönemeyer)
- VEGAN lecker lecker! (Marc Piersche)
- SO GEHT VEGAN (Patrick Bolk)
- Vegane Eiweißwunder (Petra Kunze und Sarah Schocke)
- Vegan Kochen, so klappt die Umstellung (Celine Steen und Joni Marie Newman)

Auch auf Internetseiten und über Suchmaschinen könnt ihr viel über vegetarische Ernährungsformen erfahren.

- https://www.geo.de/natur/nachhaltigkeit/124-rtkl-vegetarische-ernaehrung-was-wenn-wir-alle-vegetarier-waeren
- https://vebu.de/fitness-gesundheit/ernaehrungspyramide
- https://www.krankenkassenzentrale.de/wiki/vegetarisch#
- https://www.kindergesundheit-info.de/themen/ernaehrung/1-6-jahre/vegetarische-ernaehrung/
- https://www.gesundheit.de/ernaehrung/alternative-ernaehrung/vegetarisch/vegetarisch-leben-gesuender-leben
- https://www.fid-gesundheitswissen.de/ernaehrung/vegetarische-ernaehrung
- https://www.swissveg.ch/definition
- https://eatsmarter.de/blogs/veggie-blog/vegetarische-eiweissquellen
- https://www.bevegt.de